W0200739

E[illegible]
mit Wilhelm Busch

Ein Frühlingstag mit Wilhelm Busch

Reclam

RECLAMS UNIVERSAL-BIBLIOTHEK Nr. 14346
2023 Philipp Reclam jun. Verlag GmbH,
Siemensstraße 32, 71254 Ditzingen
Umschlaggestaltung: zero-media.net
Umschlagabbildung: Ludwig Knaus, Sonntäglicher Spaziergang (1889) – akg-images
Abbildung S. 6: Wilhelm Busch, Foto von Edgar Hanfstaengl, München 1878
Schmuckelemente: © shutterstock / Astro Ann, Maslova Yulia
Druck und Bindung: Druckerei C.H.Beck,
Bergerstraße 3–5, 86720 Nördlingen
Printed in Germany 2023
RECLAM, UNIVERSAL-BIBLIOTHEK und
RECLAMS UNIVERSAL-BIBLIOTHEK sind eingetragene Marken der Philipp Reclam jun. GmbH & Co. KG, Stuttgart
ISBN 978-3-15-014346-9
www.reclam.de

FSC
www.fsc.org
MIX
Papier aus verantwortungsvollen Quellen
FSC® C019821

Inhalt

Wilhelm Busch, 1878

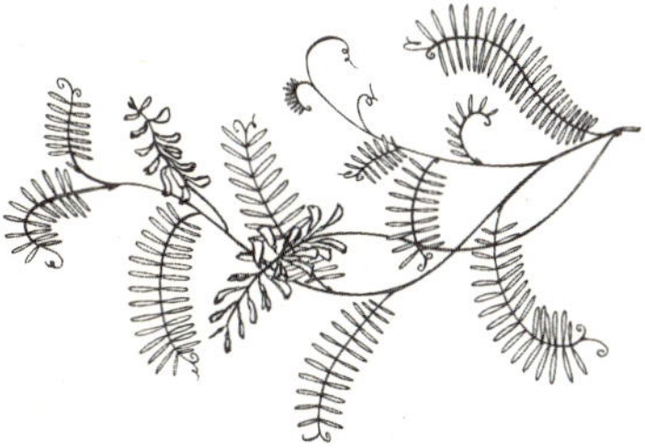

Frühlingsgefühle mit Busch

Wilhelm Busch (1832–1908) war ein begeisterter Naturbeobachter. Ob das wohl daran lag, dass er im Frühling (14. April) geboren wurde? Mit neun Jahren zog er zu seinem Onkel Georg Kleine, einem Pfarrer, dem er zur Erziehung anvertraut worden war, ins südniedersächsische Ebergötzen. Dort machte Busch erste Naturerfahrungen, die ihn in seinem späteren Schaffen prägen sollten. Der Junge beschäftigte sich unter anderem mit Märchenlesen, Zeichnen, Forellenfischen und dem Vogelfang.

1859 veröffentlichte Busch seine ersten Bildergeschichten, die auf große Begeisterung stießen. 1864 erschienen sie erstmals in Buchform. In seinen heiteren wie frechen Erzählungen machte er es sich zum Ziel, die Menschen zum Lachen zu bringen, denn Humor war für Busch ein Ausdruck der Behaglichkeit: »Auch ich war solchen persönlichen Späßen nicht abgeneigt. Man ist ein Mensch und erfrischt und erbaut sich gern an den kleinen Verdrießlichkeiten und Dummheiten anderer Leute. Selbst über sich selber kann man lachen mitunter, und das ist ein Extrapläsier, denn dann kommt man sich sogar noch klüger und gedockener vor als man selbst.«

In der Zeit zwischen 1859 und 1863 erstellte Wilhelm Busch über hundert Beiträge für den »Münchener Bilderbogen« und die »Fliegenden Blätter« und konnte damit sein Auskommen sichern. Bei einem Besuch bei seinem Bruder Otto in Frankfurt am Main lernte er 1868 Johanna Keßler kennen, eine Kunst- und Musikmäzenin, die Buschs Talent erkannte und ihn förderte.

Als leidenschaftlicher Bewunderer der Tierwelt begeisterte sich Busch für das wundersame Leben des Bienenvolks. So spielte er sogar mit dem Gedanken, nach Brasilien auszuwandern, um dort Bienenzüchter zu werden.

Busch liebte die Natur in all ihren Facetten. Mit seinen Bildergeschichten, Erzählungen und Gedichten bringt er den Frühling in die Herzen seiner Leserinnen und Leser.

Bei uns ist jetzt auch der volle und wahrhaftige Frühling gekommen. Da sitzen wir des Abends im Gärtchen unter dem alten Birnenbaum; der säuselt dann so leise vor sich hin und lässt seine Blüten heruntersinken, und manchmal fällt mir eine in den Wein hinein. Ganz fern im Stadtgraben [Wolfenbüttel] da quacksen herüber, die auf dem Walle stehn, quinquiliren und seufzen die Nachtigallen.

An seine Briefpartnerin Anna Maria Anderson im Mai 1875

Die Tierwelt erwacht zum Leben

Es ist das Osterfest alljährlich
Doch für den Hasen recht beschwerlich.

Osterhas

Fink und Frosch

Im Apfelbaume pfeift der Fink
Sein: pinkepink!
Ein Laubfrosch klettert mühsam nach
Bis auf des Baumes Blätterdach
Und bläht sich auf und quackt: »Ja ja!
Herr Nachbar, ick bin och noch da!«

Und wie der Vogel frisch und süß
Sein Frühlingslied erklingen ließ,
Gleich muss der Frosch in rauen Tönen
Den Schusterbass dazwischen dröhnen.

»Juchheija heija!«, spricht der Fink.
»Fort flieg ich flink!«
Und schwingt sich in die Lüfte hoch.

»Wat!«, ruft der Frosch, »Dat kann ick och!«
Macht einen ungeschickten Satz,
Fällt auf den harten Gartenplatz,
Ist platt, wie man die Kuchen backt,
Und hat für ewig ausgequackt.

Wenn einer, der mit Mühe kaum
Geklettert ist auf einen Baum,
Schon meint, dass er ein Vogel wär,
So irrt sich der.

Spatz und Schwalben

Es grünte allenthalben.
Der Frühling wurde wach.
Bald flogen auch die Schwalben
Hell zwitschernd um das Dach.

Sie sangen unermüdlich
Und bauten außerdem
Am Giebel rund und niedlich
Ihr Nest aus feuchtem Lehm.

Und als sie eine Woche
Sich redlich abgequält,
Hat nur am Eingangsloche
Ein Stückchen noch gefehlt.

Da nahm der Spatz, der Schlingel,
Die Wohnung in Besitz.
Jetzt hängt ein Strohgeklüngel
Hervor aus ihrem Schlitz.

Nicht schön ist dies Gebaren
Und wenig ehrenwert
Von einem, der seit Jahren
Mit Menschen viel verkehrt.

Die Mücken

Dich freut die warme Sonne.
Du lebst im Monat Mai.
In deiner Regentonne
Da rührt sich allerlei.

Viel kleine Tierlein steigen
Bald auf-, bald niederwärts,
Und, was besonders eigen,
Sie atmen mit dem Sterz.

Noch sind sie ohne Tücken,
Rein kindlich ist ihr Sinn.
Bald aber sind sie Mücken
Und fliegen frei dahin.

Sie fliegen auf und nieder
Im Abendsonnenglanz
Und singen feine Lieder
Bei ihrem Hochzeitstanz.

Du gehst zu Bett um zehne,
Du hast zu schlafen vor,
Dann hörst du jene Töne
Ganz dicht an deinem Ohr.

Drückst du auch in die Kissen
Dein wertes Angesicht,
Dich wird zu finden wissen
Der Rüssel, welcher sticht.

Merkst du, dass er dich impfe,
So reib mit Salmiak
Und dreh dich um und schimpfe
Auf dieses Mückenpack.

Der Spatz

Ich bin ein armer Schreiber nur,
Hab weder Haus noch Acker,
Doch freut mich jede Kreatur,
Sogar der Spatz, der Racker.

Er baut von Federn, Haar und Stroh
Sein Nest geschwind und flüchtig,
Er denkt, die Sache geht schon so,
Die Schönheit ist nicht wichtig.

Wenn man den Hühnern Futter streut,
Gleich mengt er sich dazwischen,
Um schlau und voller Rührigkeit
Sein Körnlein zu erwischen.

Maikäfer liebt er ungemein,
Er weiß sie zu behandeln;
Er hackt die Flügel, zwackt das Bein
Und knackt sie auf wie Mandeln.

Im Kirschenbaum frisst er verschmitzt
Das Fleisch der Beeren gerne;
Dann hat, wer diesen Baum besitzt,
Nachher die schönsten Kerne.

Es fällt ein Schuss. Der Spatz entfleucht
Und ordnet sein Gefieder.
Für heute bleibt er weg vielleicht,
Doch morgen kommt er wieder.

Und ist es Winterzeit und hat's
Geschneit auf alle Dächer,
Verhungern tut kein rechter Spatz,
Er kennt im Dach die Löcher.

Ich rief: Spatz, komm, ich füttre dich!
Er fasst mich scharf ins Auge.
Er scheint zu glauben, dass auch ich
Im Grunde nicht viel tauge.

Die Schnecken

Rötlich dämmert es im Westen
Und der laute Tag verklingt,
Nur dass auf den höchsten Ästen
Lieblich noch die Drossel singt.

Jetzt in dichtbelaubten Hecken,
Wo es still verborgen blieb,
Rüstet sich das Volk der Schnecken
Für den nächtlichen Betrieb.

Tastend streckt sich ihr Gehörne.
Schwach nur ist das Augenlicht.
Dennoch schon aus weiter Ferne
Wittern sie ihr Leibgericht.

Schleimig, säumig, aber stete,
Immer auf dem nächsten Pfad,
Finden sie die Gartenbeete
Mit dem schönsten Kopfsalat.

Hier vereint zu ernsten Dingen
Bis zum Morgensonnenschein,
Nagen sie geheim und dringen
Tief ins grüne Herz hinein.

Darum braucht die Köchin Jettchen
Dieses Kraut nie ohne Arg.
Sorgsam prüft sie jedes Blättchen,

Ob sich nichts darin verbarg.
Sie hat Furcht, den Zorn zu wecken
Ihres lieben gnädgen Herrn.
Kopfsalat vermischt mit Schnecken
Mag der alte Kerl nicht gern.

Ein Vogel mit Humor

Es sitzt ein Vogel auf dem Leim,
Er flattert sehr und kann nicht heim.
Ein schwarzer Kater schleicht herzu,
Die Krallen scharf, die Augen gluh.
Am Baum hinauf und immer höher
Kommt er dem armen Vogel näher.

Der Vogel denkt: Weil das so ist
Und weil mich doch der Kater frisst,
So will ich keine Zeit verlieren,
Will noch ein wenig quinquilieren
Und lustig pfeifen wie zuvor.
Der Vogel, scheint mir, hat Humor.

Ihr kennt ihn doch schon manches Jahr

Ihr kennt ihn doch schon manches Jahr,
Wisst, was es für ein Vogel war;
Wie er in allen Gartenräumen
Herumgeflattert auf den Bäumen;
Wie er die hübschen roten Beeren,
Die andern Leuten zugehören,
Mit seinem Schnabel angepickt
Und sich ganz lasterhaft erquickt.

Nun hat sich dieser böse Näscher,
Gardinenschleicher, Mädchenhäscher,
Der manchen Biedermann gequält,
Am Ende selber noch vermählt.
Nun legt er seine Stirn in Falten,
Fängt eine Predigt an zu halten
Und möchte uns von Tugend schwatzen.

Ei, so ein alter Schlingel! Kaum
Hat er 'nen eignen Kirschenbaum,
So schimpft er auf die Spatzen.

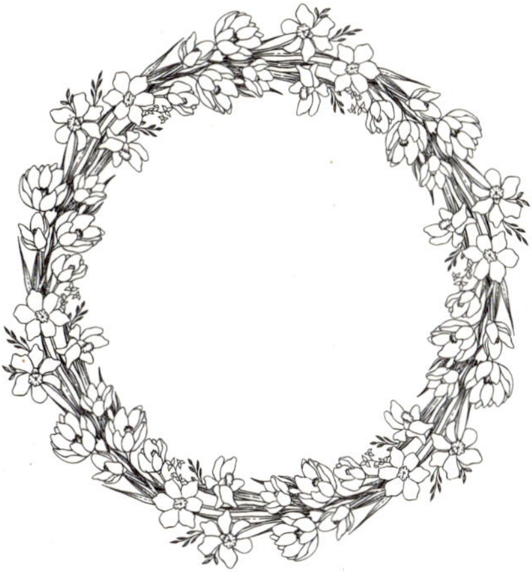

O du wunderbarer Mai

Heija, der frische Mai,
Er bringt uns mancherlei.
Das Schönste aber hier auf Erden
Ist lieben und geliebt zu werden,
Heija, im frischen Mai.

Frühlingslied

Kränzchen

In der ersten Nacht des Maien
Lässt's den Hexen keine Ruh.
Sich gesellig zu erfreuen,
Eilen sie dem Brocken zu.

Dorten haben sie ihr Kränzchen.
Man verleumdet, man verführt,
Macht ein lasterhaftes Tänzchen,
Und der Teufel präsidiert.

Im Mai, oder so, zur Zeit einer Anregung von der liebenswürdigsten Seite, musst ich und wollt ich eben nach Lüethorst, um nach bereits viel zu langer Pause meinen Onkel zu besuchen, der 89 Jahr alt geworden war. Ich fand ihn friedlich rauchend zwischen selbstokulierten Rosen. Appetit gut. Geistig fast genauso frisch, wie ich ihn jemals gekannt hatte. Ein ermunterndes Vorbild für diejenigen, die ein übererkleckliches Alter für wünschenswert halten. Was mich betrifft, wenn ich mir's recht überlege, möchte ich doch danken dafür. –

An Johanna Keßler, 22. Oktober 1895

Frühlingslied

In der Laube von Syringen,
Oh, wie ist der Abend fein.
Brüder, lasst die Gläser klingen,
Angefüllt mit Maienwein.

Heija, der frische Mai
Er bringt uns mancherlei.
Das Schönste aber hier auf Erden
Ist lieben und geliebt zu werden,
Heija, im frischen Mai.

Über uns die lieben Sterne
Blinken hell und frohgemut,
Denn sie sehen schon von ferne,
Auch hier unten geht es gut.

Wer sich jetzt bei trüber Kerzen
Der Gelehrsamkeit befleißt,
Diesem wünschen wir von Herzen,
Dass er bald Professor heißt.

Wer als Wein- und Weiberhasser
Jedermann im Wege steht,
Der genieße Brot und Wasser,
Bis er endlich in sich geht.

Wem vielleicht sein altes Hannchen
Irgendwie abhandenkam,
Nur getrost, es gab schon manchen,
Der ein neues Hannchen nahm.

Also, eh der Mai zu Ende,
Aufgeschaut und umgeblickt,
Keiner, der nicht eine fände,
Die ihn an ihr Herze drückt.

Jahre steigen auf und nieder;
Aber, wenn der Lenz erblüht,
Dann, ihr Brüder, immer wieder
Töne unser Jubellied.

Heija, der frische Mai,
Er bringt uns mancherlei,
Das Schönste aber hier auf Erden
Ist lieben und geliebt zu werden,
Heija, im frischen Mai.

Sei mir gegrüßt, du lieber Mai

Sei mir gegrüßt, du lieber Mai,
Mit Laub und Blüten mancherlei!
Seid mir gegrüßt, ihr lieben Bienen,
Vom Morgensonnenstrahl beschienen!
Wie fliegt ihr munter ein und aus
In Imker Dralles Bienenhaus

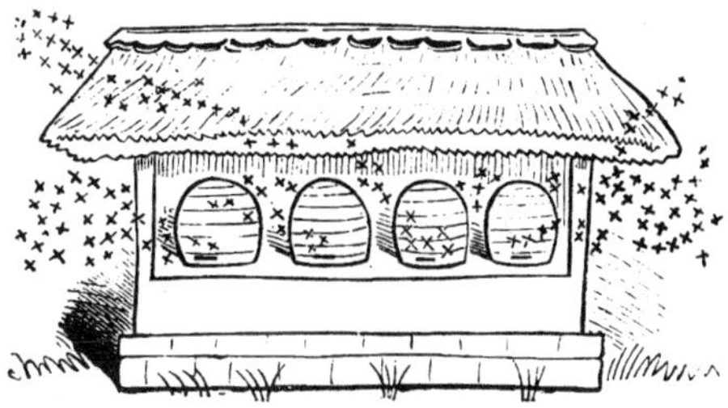

Und seid zu dieser Morgenzeit
So früh schon voller Tätigkeit.

Für Diebe ist hier nichts zu machen,
Denn vor dem Tore stehn die Wachen.
Und all die wackern Handwerksleute
Die hauen, messen stillvergnügt,

Bis dass die Seite sich zur Seite
Schön sechsgeeckt zusammenfügt.

Schau! Bienenlieschen in der Frühe
Bringt Staub und Kehricht vor die Tür;
Ja! Reinlichkeit macht viele Mühe,
Doch später macht sie auch Pläsier.

Wie zärtlich sorgt die Tante Linchen
Fürs liebe kleine Wickelkind!
»Hol Wasser!«, ruft sie, »liebes Minchen,
Und koch den Brei, und mach geschwind!«

Auch sieht die Zofen man, die guten,
Schon emsig hin und wieder gehn;
Denn Ihre Majestät geruhten
Höchstselbst soeben aufzustehn.

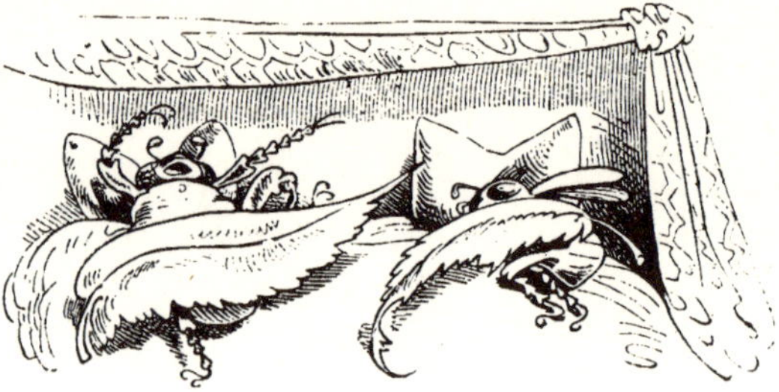

Und nur die alten Brummeldrohnen,
Gefräßig, dick und faul und dumm,
Die ganz umsonst im Hause wohnen,
Faulenzen noch im Bett herum.

»Hum!«, brummelt so ein alter Brummer,
»Was, Dunner! ist es schon so spät!?
He, Trine! lauf einmal herummer
Und bring uns Honigbrot und Met!« –
»Geduld!«, ruft sie, »ihr alten Schlecker!«
Und fliegt zu Krokus, dem Bienenbäcker. –

»Hier diese Kringel, frisch und süße«,
So lispelt Krokus, »nimm sie hin;
Doch höre, sei so gut und grüße
Aurikelchen, die Kellnerin!«
Hier steht Aurikel in der Schenke
Und zapft den Gästen das Getränke.

Als sie den Brief gelesen hat,
Da schrieb sie auf ein Rosenblatt:

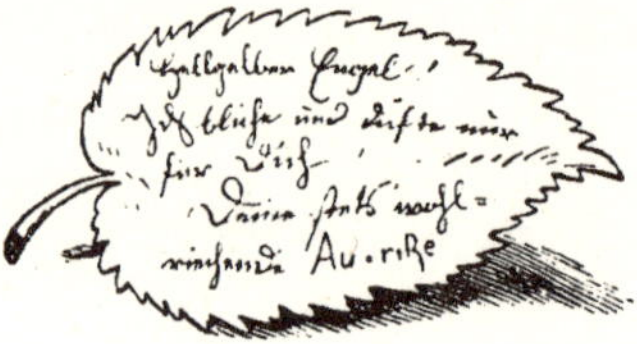

Schnell fliegt das Bienchen von Aurikel
Zu Krokus mit dem Herzartikel. –
Jetzt heim! – Denn schon mit Zorngebrumme
Rumort und knurrt die Drohnenbrut:

»Du dumme Trine! her die Mumme!
Wenn man nicht alles selber tut!«

Regnerischer Mai

Heidelberg, d. 4. Mai 1873

Liebe Tante!
Da sitz ich nun im schönen Heidelberg. Aber es regnet und regnet. Schon von Darmstadt her schwebte eine schwarzblaue Wetterwolke mit grauem Kern über dem Zuge mit, wälzte sich links ab den Strom hinauf, klemmte sich über Heidelberg zwischen den Bergen fest, und nachdem wir unsere Kurve beschrieben, kamen wir grade auf dem Bahnhofe an, als sich das Ungetüm unter schaudervollem Donner und Blitz in Regen auflöste. – Mit wenig Unterbrechung regnet's nun so fort. Die Wolken hängen tief ins Tal herab. Ich komme mir vor, wie ein Bleisoldat in der Schachtel, der mit Watte zugedeckt ist. – Na na! Nur nicht lamentieren! – Habe ich vorgestern nicht Bruchsal gesehen? Wer sehen will, was frei und groß und reizend ist, der muss nach Bruchsal gehn. – Gestern war ich auch hier auf dem Schloss droben. Da zieht's. Ich habe einen Schnupfen, als hätt ich den Schädel voll Schusterpech und Sauerkraut.

Meine liebe, gute Tante! – Viele tausend Grüße an eins, zwei, drei und alle.

Immer und immer Ihr
allergetreuster Fr.

W. B.

Im Frühlingswald

Brief an Johanna Keßler

Wiedensahl, d. 18. Mai 68

Meine sehr verehrte Frau Keßler!

Unter dem rücksichtslosen Einflusse eines gewaltigen Platzregens kam ich am vorigen Mittwoch hier an. Das war eine zuwidere Abkühlung nach all dem Frühlingssonnenschein, der mich in Stuttgart, Heidelberg und Frankfurt mit unverwüstlicher Heiterkeit umstrahlt hatte. Aber nun bin ich ja in der Heimat. In stiller Behaglichkeit fühle ich die Nähe meiner Lieben. Ich gehe wieder den Fußsteig durch das Feld, ich streife mit der Hand die herandrängenden Ähren; über mich hin, am Dufthimmel des Mais, ziehen die leichten, zierlichen Wolken; langsam, von lauem Winde bewegt, dreht sich das graue Kreuz der Windmühle, und abbiegend durch die blühende Wiese, trete ich in den guten, alten, wohlbekannten Wald, der mich seit Kindertagen so oft umsäuselt und gekühlt hat. Die Herzen und Namen, welche ich einst der Rinde schlanker Buchen anvertraut, sind längst vernarbt; viel ehrenwerte Stämme zerbiss das Beil; hier auf weitgelichtetem Platz steht das Gestell von Holz; quer drüber liegt der gewaltige Eichblock, zwei böse, böse Männer, einer oben, einer unten, auf und nieder sich neigend, ziehen die Säge und machen lange Furchen durch das Holz, dass Bretter draus werden zu Schiffen, Wiegen, Bettläden und Särgen. – Im weichen, grünen Moos gelagert, sehe ich die blauen Dampfgebilde meiner Zigarette dahinziehen und schwinden. Ein neu Geschlecht von Waldvögeln, und doch dasselbe, durchtönt das Gebüsch. Oben auf den Wipfeln der Tannen, die der Abend vergoldet, sitzen die Amseln und singen und quinquelieren der untertauchenden Sonne nach. Wie gern gedenke ich nun dabei der niedlichen Waldwiese in Ihrem Garten, der schönen Bäume, über denen das Haus hervorschaut, der verschlungenen Wege und wie Sie wohl selber drin umhergehen, und der freundlichen Kindergestalten, und all des Guten und all des Wohlwollens, welches mir bei Ihnen zuteilwurde. – Wie war doch die Fahrt nach Kroneberg so wunderschön! Der Lagerplatz unter den Eichen auf den Felsen, und wie Sie und Burgers sangen – ein Gefühl von Reue und Sehnsucht überkömmt mich, wenn ich denke, dass ich so schnell fortreiste. – Aber ich komme wieder und bleibe länger, und dann müssen Sie aber auch wieder grad so gut und freundlich sein.

Indem ich nun Ihnen und den Ihrigen für Ihre herzliche Aufnahme meinen besten Dank sage, verbleibe ich

Ihr ergebenster

W. Busch

Wenn die Blumenwiesen blühen

In freier Luft, in frischem Grün,
Da wo die bunten Blümlein blühn,
In Wiesen, Wäldern, auf der Heide,
Entfernt von jedem Wohngebäude,
Auf rein botanischem Gebiet,
Weilt jeder gern, der voll Gemüt.

Balduin Bählamm,
der verhinderte Dichter

Von der Blume und dem Schmetterling

Sie war ein Blümlein hübsch und fein,
Hell aufgeblüht im Sonnenschein.
Er war ein junger Schmetterling,
Der selig an der Blume hing.
Oft kam ein Bienlein mit Gebrumm
Und nascht und säuselt da herum.
Oft kroch ein Käfer kribbelkrab
Am hübschen Blümlein auf und ab.
Ach Gott, wie das dem Schmetterling
So schmerzlich durch die Seele ging.
Doch was am meisten ihn entsetzt,
Das Allerschlimmste kam zuletzt.
Ein alter Esel fraß die ganze
Von ihm so heiß geliebte Pflanze.

Am Vorabend von Rosens Geburtstag

Juni 1893

Lauschend am Fenster sitzt der Poet.
Draußen die Blumen und Pflänzchen
Halten ihr Abendkränzchen
Auf dem Gartenbeet.

Der Mond in Silberlivree,
Leise geschäftig,
Kredenzt den Tau, den Blütentee,
Anregend und kräftig;
Und von Kelch zu Kelche
Geht ein Geflüster:
Also morgen ist er!

Frau Veronika Ehrenpreis.
Ja, morgen feiert sie
Ihren werten Entsprießungstag – –

Taubnessel (mit dem Hörrohr).
Hä, wie? Hä, welche?

Veronika (lauter).
Drüben im Garten die schöne Frau Rose – –

Taubnessel.
Ah, mit den zwei Knospen die!

Veronika.
Die tadel- und dornenlose – –

Distel (für sich).
Wer's glauben mag!

Veronika.
Von Duft und Glanz umwoben.

Distel (laut).
Man weiß, man weiß!
Die gute Frau Ehrenpreis
Muss immer loben.
Und doch hat unser Röschen, das feine,
Allerlei kleine
Grillen und Räupchen
Unter dem zierlichen Häubchen.

Gänseblümchen.
Oh, wie reizend!

Klatschrose.
Ja, reizend, das wollt ich meinen!
Drum sieht man auch häufig den Löwenzahn,
Den Rittersporn und den Baldrian
Dort wachsen und erscheinen.

Gänseblümchen.
Oh, wie reizend!

Klatschrose.
Ja, reizend, ganz recht!
Und dann dieser Musenknecht,
Dieser Dichter –

Distel.
Der Versetrichter –

Klatschrose.
Mit den langen Locken –

Distel.
Mit dem Loch im Socken –

Gänseblümchen.
Oh, wie reizend!

Klatschrose.
Alltäglich kläglich mit Gefühl
In ihrer Nähe
Entlockt er seinem Saitenspiel
Lieblich Getön
Und singt so schön – –

Distel.
Wie 'ne alte Krähe.

Klatschrose.
Zum Beispiel, noch gestern – –

Lilie (sanft unterbrechend).
Geliebte Schwestern! – –

Veronika.
Ihr Muster der Milde!
Ihr Tugendgebilde! – –

Lilie.
Wen sollte der festliche Tag nicht rühren!
Ich denke doch – – –

Levkoje, Tulpe, Päonie, Phlox etc.
Ja ja, wir alle gratulieren!!

Veronika.
Ein Schöngeist blüht in unsrer Mitte,
Ein hochgeschickter –
Fräulein Federnelke – –

Federnelke.
Oh, bitte!

Distel (für sich).
Blaustrumpf, verrückter!

Veronika (fortfahrend).
Federnelke, die wundersame,
So lautet ihr holder botanischer Name.
Vielleicht lässt sie sich freundlich erweichen
Und schreibt und dichtet ein Billett,
Duftend, geistvoll und nett.

Das möge dann die dienende Biene,
Unsere süße geflügelte Schleckerkatrine,
Hinschwebend im frühesten Morgenwind,
Dem hohen Geburtstagskind
Ehrfurchtsvoll sumsend überreichen.

Gänseblümchen.
Oh, wie reizend!

Federnelke (schreibt und liest).
»Veredelte Rose und Nachbarin!
Nehmet dies Brieflein gnädig hin,
Sintemalen dasselbe geschrieben
Von allerlei Pflanzen, welche Euch lieben.
Verleihe der Himmel Euer Gnaden
Beständig ein sanftes Sonnenlicht
Und frischen Tau und meinetwegen
Auch hie und da ein wenig Regen,
Nur Sturmwind nicht,
Denn dieser tut der Schönheit Schaden.
Ergebenst mit Herz und Honigmund
Das Blumenkränzchen: ›Tugendbund‹.«

Gänseblümchen.
Oh, wie reizend!

Federnelke.
Ich denke, es macht sich so!

Alle.
Bravo bravissimo!! –

Der Mond.
Noch 'n Tässchen Tee gefällig?

Levkoje.
Ich trank schon drei –

Phlox.
– ich fünf –

Tulpe.
– ich acht! –

Päonie.
Mein Mieder kracht!

Alle.
Gute Nacht, gute Nacht!!

(Die Blumen nicken ein. Der Mond geht unter. Der Poet, nachdem er noch einen Blick in die Nacht hinaus gebohrt, schließt leise das Fenster.)

Die Rose sprach zum Mägdelein

Die Rose sprach zum Mägdelein:
Ich muss dir ewig dankbar sein,
Dass du mich an den Busen drückst
Und mich mit deiner Huld beglückst.

Das Mägdlein sprach: O Röslein mein,
Bild dir nur nicht zu viel drauf ein,
Dass du mir Aug und Herz entzückst.
Ich liebe dich, weil du mich schmückst.

Der Traum

Ich schlief. Da hatt ich einen Traum.
Mein Ich verließ den Seelenraum.

Frei vom gemeinen Tagesleben,
Vermocht ich leicht dahinzuschweben.

So, angenehm mich fortbewegend,
Erreicht ich eine schöne Gegend.

Wohin ich schwebte, wuchs empor
Alsbald ein bunter Blumenflor,
Und lustig schwärmten um die Dolden
Viel tausend Falter, rot und golden.

Ganz nah auf einem Lilienstengel,
Einsam und sinnend, saß ein Engel,
Und weil das Land mir unbekannt,
Fragt ich: Wie nennt sich dieses Land?

Hier, sprach er, ändern sich die Dinge.
Du bist im Reich der Schmetterlinge.

Ich aber, wohlgemut und heiter,
Zog achtlos meines Weges weiter.

Da kam, wie ich so weiter glitt,
Ein Frauenbild und schwebte mit
Als ein willkommenes Geleite,
Anmutig lächelnd mir zur Seite,

Und um sie nie mehr loszulassen,
Dacht ich die Holde zu umfassen;
Doch eh ich Zeit dazu gefunden,
Schlüpft sie hinweg und ist verschwunden.

Mir war so schwül. Ich musste trinken.
Nicht fern sah ich ein Bächlein blinken.
Ich bückte mich hinab zum Wasser.
Gleich fasst ein Arm, ein kalter, blasser,
Vom Grund herauf mich beim Genick.

Zwar zog ich eilig mich zurück,
Allein der Hals war steif und krumm,
Nur mühsam dreht ich ihn herum,
Und ach, wie war es rings umher
Auf einmal traurig, öd und leer.

Von Schmetterlingen nichts zu sehn,
Die Blumen, eben noch so schön,
Sämtlich verdorrt, zerknickt, verkrumpelt.
So bin ich seufzend fortgehumpelt,
Denn mit dem Fliegen, leicht und frei,
War es nun leider auch vorbei.

Urplötzlich springt aus einem Graben,
Begleitet vom Geschrei der Raben,
Mir eine Hexe auf den Nacken
Und spornt mich an mit ihren Hacken
Und macht sich schwer wie Bleigewichte
Und drückt und zwickt mich fast zunichte,
Bis dass ich matt und lendenlahm
Zu einem finstern Walde kam.

Ein Jägersmann, dürr von Gestalt,
Trat vor und rief ein dumpfes Halt.

Schon liegt ein Pfeil auf seinem Bogen,
Schon ist die Sehne straff gezogen.
Jetzt trifft er dich ins Herz, so dacht ich,
Und von dem Todesschreck erwacht ich
Und sprang vom Lager ungesäumt,
Sonst hätt ich wohl noch mehr geträumt.

Kinder, lasset uns besingen

Kinder, lasset uns besingen,
Aber ohne allen Neid,
Onkel Kaspers rote Nase,
Die uns schon so oft erfreut.

Einst ward sie als zarte Pflanze
Ihm von der Natur geschenkt;
Fleißig hat er sie begossen,
Sie mit Wein und Schnaps getränkt.

Bald bemerkte er mit Freuden,
Dass die junge Knospe schwoll,
Bis es eine Rose wurde,
Dunkelrot und wundervoll.

Alle Rosen haben Dornen,
Diese Rose hat sie nicht,
Hat nur so ein Büschel Haare,
Welches keinen Menschen sticht.

Ihrem Kelch entströmen süße
Wohlgerüche, mit Verlaub:
Aus der wohlbekannten Dose
Schöpft sie ihren Blütenstaub.

Oft an einem frischen Morgen
Zeigt sie uns ein duftig Blau,
Und an ihrem Herzensblatte
Blinkt ein Tröpflein Perlentau.

Wenn die andern Blumen welken,
Wenn's im Winter rau und kalt,
Dann hat diese Wunderrose
Erst die rechte Wohlgestalt.

Drum zu ihrem Preis und Ruhme
Singen wir dies schöne Lied.
Vivat Onkel Kaspers Nase,
Die zu allen Zeiten blüht!

Das traurige Röslein

Ein Röslein war gar nicht munter,
Weil es im Topfe stand,
Sah immer traurig hinunter
Auf die Blumen im freien Land.
Die Blumen nicken und winken.
Wie ist es im Freien so schön
Zu tanzen und Tau zu trinken
Bei lustigem Windeswehn.
Von bunten Schmetterlingen
Umgaukelt, geschmeichelt, geküsst;
Dazwischen der Vöglein Singen
Anmutig zu hören ist.
Wir preisen dich und loben
Dich, fröhliche Sommerzeit;
Ach, Röslein am Fenster droben,
Du tust uns auch gar zu leid.
Da ist ins Land gekommen
Der Winter mit seiner Not.
In Schnee und Frost verklommen
Die Blumen sind alle tot.
Ein Mägdlein hört es stürmen,
Macht fest das Fenster zu.
Jetzt will ich dich pflegen und schirmen,
Du liebes Röslein du.

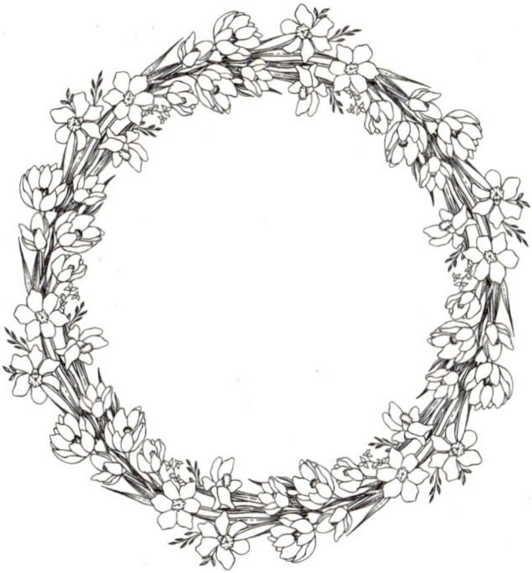

So bunt und lebendig
wie die Natur

Der Frühling wird ja immer
Gerühmt, wie sich's gebührt,
Weil er mit grünem Schimmer
Die graue Welt verziert.

Zum Geburtstag im Juni

Die Rosen blühen. Die Erdbeeren hängen voll saftiger Früchte. Freilich die Singvöglein schweigen, nachdem sie ihre Liebesangelegenheiten für diesmal erledigt haben. Nur die Amsel flötet noch früh und spät im Wipfel des Birnbaums ihre gebrochenen Strophen, als besänne sie sich vergebens auf Lieder eines früheren Lebens. All dergleichen beachte ich noch gern – aber mehr rückwärtsgekehrt – die Hand auf dem Drücker der bekannten eisernen Tür, durch die man in die unbekannte Hinterwelt geht.

An Friedrich August von Kaulbach, 1. Juli 1906

Immerhin

Mein Herz, sei nicht beklommen,
Noch wird die Welt nicht alt.
Der Frühling ist wiedergekommen,
Frisch grünt der deutsche Wald.

Seit Ururvätertagen
Stehen die Eichen am See,
Die Nachtigallen schlagen,
Zur Tränke kommt das Reh.

Die Sonne geht auf und unter
Schon lange vieltausendmal,
Noch immer eilen so munter
Die Bächlein ins blühende Tal.

Hier lieg ich im weichen Moose
Unter dem rauschenden Baum,
Die Zeit, die wesenlose,
Verschwindet als wie ein Traum.

Von kühlen Schatten umdämmert,
Versink ich in selige Ruh;
Ein Specht, der lustig hämmert,
Nickt mir vertraulich zu.

Mir ist, als ob er riefe:
Heija, mein guter Gesell,
Für ewig aus dunkler Tiefe
Sprudelt der Lebensquell.

Ferne Berge seh ich glühen

Ferne Berge seh ich glühen!
Unruhvoller Wandersinn!
Morgen will ich weiterziehen,
Weiß der Teufel, wohin?

Ja, ich will mich nur bereiten,
Will – was hält mich nur zurück?
Nichts wie dumme Kleinigkeiten!
Zum Exempel, dein Blick!

Frühjahrsträumereien

In seiner Erzählung »Eduards Traum« (1891) lässt Busch den schlafenden Eduard zu einem winzigen Punkt schrumpfen, sein Ich verlassen und durch die Welt fliegen, in der er allerhand Kurioses erlebt. Darunter ein Chor aus Unken, Fröschen und Grillen.

Siebenundneunzig dumpftönende Unken, dreihundertvierundvierzig hellquarkende Wasserfrösche und zweitausendzweihundertundzweiundzwanzig hochzirpende Grillen gebrauchten ihre ausreichenden Stimmmittel und emsigen Kunstgelenke zum Vortrage einer symphonischen Dichtung. Ein hohler Weidenbaum mit seinen zwei unteren Seitenästen dirigierte. Sein künstlerischer Chignon wehte im Winde der Begeisterung. Die Sache war langwierig; aber schließlich ging ihnen doch der Faden aus, und das bisher nur mit Mühe unterdrückte Bedürfnis des Beifalls konnte sich Luft machen.

Entzückt und befriedigt raschelten die Rosen mit den Blättern und dufteten sogar, was die wilden sonst kaum zu tun pflegen. »Brravo!« quackten, wie aus einem Munde, fünf dicke grüne Laubfrösche. »Brravo! Geschmackvoll! Geschmackvoll!« Und sieben alte graue Käuze, die im Hinterteil einer morschen Erle ihre Logenplätze hatten, quiekten maßgebend über alle hinweg:

»Manjifiek! Manjifiek!«

Ich meinerseits, um doch auch ein hohes Verständnis zu zeigen, suchte mein schönstes falsches Pathos hervor und brüllte, wie laut oder wie leise, das weiß ich nicht mehr: »Offenbaarrung! Musikalische Offenbaaarrung!« –

Eduard schnarche nicht so!

ließ sich wieder mal die Stimme vernehmen. Kaum, dass ich danach hinhörte. Ich saß gemütlich in meinem Eichelnäpfchen, höchst sorglos versimpelt in den Gedankengang, der mir grad Spaß machte.

Müdigkeit, hatt ich bisher immer geglaubt, gäb's für mich nicht. Nun aber sollt ich so recht erfahren, welch unwiderstehlich wohltätige Wirkungen eine gute Musik hat. Schon nach fünf Minuten war ich in einen richtigen rücksichtslosen Schlummer versunken. –

Ich musste wohl ausgiebig geschlafen haben, denn als ich erwachte und mir gewissermaßen die Augen rieb, stand die Sonne schon tief am westlichen Himmel.

Es ging der fromme Herr Kaplan

Es ging der fromme Herr Kaplan,
Nachdem er bereits viel Gutes getan,
In stiller Betrachtung der schönen Natur
Einst zur Erholung durch die Flur.
Und als er kam an den Waldessaum,
Da rief der Kuckuck lustig vom Baum:
Wünsch guten Abend, Herr Kollege!
Der Storch dagegen, nicht weit vom Wege,
Steigt in der Wiese auf und ab
Und spricht verdrießlich: Plapperapapp!
Gäb's lauter Pfaffen lobesam,
Ich wäre längst schon flügellahm!

Man sieht, dass selbst der frömmste Mann
Nicht allen Leuten gefallen kann.

Die Birke

Es wächst wohl auf der Heide
Und in des Waldes Raum
Ein Baum zu Nutz und Freude,
Genannt der Birkenbaum.

Die Schuh, daraus geschnitzet,
Sind freundlich von Gestalt.
Wohl dem, der sie besitzet,
Ihm wird der Fuß nicht kalt.

Es ist die weiße Rinde
Zu Tabaksdosen gut,
Als teures Angebinde
Für den, der schnupfen tut.

Man zapfet aus der Birke
Sehr angenehmen Wein,
Man reibt sich, dass es wirke,
Die Glatze damit ein.

Dem Birkenreiserbesen
Gebühret Preis und Ehr;
Das stärkste Kehrichtwesen,
Das treibt er vor sich her.

Von Birken eine Rute,
Gebraucht am rechten Ort,
Befördert oft das Gute
Mehr als das beste Wort.

Und kommt das Fest der Pfingsten,
Dann schmückt mir fein das Haus
Ihr, meine liebsten Jüngsten,
Mit Birkenzweigen aus.

Immer wieder

Der Winter ging, der Sommer kam.
Er bringt aufs Neue wieder
Den vielbeliebten Wunderkram
Der Blumen und der Lieder.

Wie das so wechselt Jahr um Jahr,
Betracht ich fast mit Sorgen.
Was lebte, starb, was ist, es war,
Und heute wird zu morgen.

Stets muss die Bildnerin Natur
Den alten Ton benützen,
In Haus und Garten, Wald und Flur,
Zu ihren neuen Skizzen.

So lebendig wie die Jahreszeiten

In seiner kurzen Autobiographie »Was mich betrifft« (1886) schreibt Busch über sein Leben, über dunkle Stunden, aber auch über die schönen Dinge wie die Freuden der Jahreszeiten.

Ja, mein guter, wohlsituierter und lebendiger Leser! So muss man überall bemerken, dass es Verdrießlichkeiten gibt in dieser Welt und dass überall gestorben wird. Du aber sei froh. Du stehst noch da, wie selbstverständlich, auf deiner angestammten Erde. Und wenn du dann dahinwandelst, umbraust von den ahnungsvollen Stürmen des Frühlings, und deine Seele schwillt mutig auf, als solltest du ewig leben; wenn dich der wonnige Sommer umblüht und die liebevollen Vöglein in allen Zweigen singen; wenn deine Hand im goldenen Herbst die wallenden Ähren streift; wenn zur hellglänzenden Winterzeit dein Fuß über blitzende Diamanten knistert – hoch über dir die segensreiche Sonne oder der unendliche Nachthimmel voll winkender Sterne – und doch, durch all die Herrlichkeit hindurch, allgegenwärtig, ein feiner, peinlicher Duft, ein leiser, zitternder Ton – und wenn du dann nicht so was wie ein heiliger Franziskus bist – sondern wenn du wohlgemut nach Hause gehst zum gutgekochten Abendschmaus und zwinkerst deiner reizenden Nachbarin zu und kannst schäkern und lustig sein, als ob sonst nichts los wäre, dann darf man dich wohl einen recht natürlichen und unbefangenen Humoristen nennen.

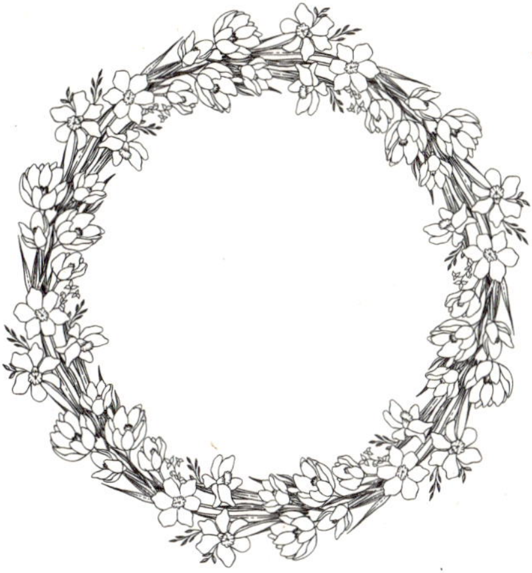

Wenn der Frühling das Herz berührt

Solange Herz und Auge offen,
Um sich am Schönen zu erfreun,
Solange, darf man freudig hoffen,
Wird auch die Welt vorhanden sein.

Bedächtig

Ich ging zur Bahn. Der Abendzug
Kam erst um halber zehn.
Wer zeitig geht, der handelt klug.
Er kann gemütlich gehn.

Der Frühling war so warm und mild,
Ich ging wie neu belebt,
Zumal ein wertes Frauenbild
Mir vor der Seele schwebt.

Dass ich sie heut noch sehen soll,
Dass sie gewiss noch wach,
Davon ist mir das Herz so voll,
Ich steh und denke nach.

Ein Häslein, das vorüberstiebt,
Ermahnt ich: Lass dir Zeit,
Ein guter Mensch, der glücklich liebt,
Tut keinem was zuleid.

Von ferne aus dem Wiesenteich
Erklang der Frösche Chor,
Und überm Walde stieg zugleich
Der goldne Mond empor.

Da bist du ja, ich grüße dich,
Du traulicher Kumpan.
Bedächtig wandelst du wie ich
Dahin auf deiner Bahn.

Dies lenkte meinen Denkersinn
Auf den Geschäftsverlauf;
Ich überschlug mir den Gewinn.
Das hielt mich etwas auf.

Doch horch, da ist die Nachtigall,
Sie flötet wunderschön.
Ich flöte selbst mit sanftem Schall
Und bleib ein wenig stehn.

Und flötend kam ich zur Station,
Wie das bei mir Gebrauch.
O weh, was ist das für ein Ton?
Der Zug der flötet auch.

Dort saust er hin. Ich stand versteint.
Dann sah ich nach der Uhr,
Wie jeder, der zu spät erscheint.
So will es die Natur.

Dem Reiseonkel, selbst in größter Hast,
Passiert es nie, dass er den Zug verpasst.

Ein Waldspaziergang

Als ich so von ungefähr
Durch den Wald spazierte,
Kam ein bunter Vogel, der
Pfiff und quinquilierte.

Was der bunte Vogel pfiff,
Fühle und begreif ich:
Liebe ist der Inbegriff,
Auf das andre pfeif ich.

O weh!

Knopp verfügt sich weiter fort
Bis an einen andern Ort.
Da wohnt einer, den er kannte,
Welcher Piepo sich benannte. –
Aus dem Garten tönt Gelächter,
Piepo ist's und seine Töchter.

»Dies, mein lieber Knopp, ist Hilda,
Dort die ältre heißt Klotilda.
Hilda hat schon einen Freier,
Morgen ist Verlobungsfeier,
Doch Klotilda, ei ei ei,
Die ist noch bis dato frei.« –

Oh, wie ist der Abend milde!
Knopp der wandelt mit Klotilde,

Die ihm eine Rose pflückt. –
Und er fühlt es tief beglückt:
Knopp, in diesem Augenblick,
Da erfüllt sich dein Geschick. –
Drauf hat Piepo ihn geleitet,
Wo sein Lager zubereitet.

»Hier« – so spricht er – »dieser Saal
Ist für morgen Festlokal.

Hier zur Rechten ist die Klause,
Stillberühmt im ganzen Hause;

Und hier links da schlummerst du.

Wünsche recht vergnügte Ruh!«

Knopp ist durch und durch Gedanke
An Klotilde, jene Schlanke,
Und er drückt in süßem Schmerz
Ihre Rose an sein Herz.

»O Klotilde, du allein
Sollst und musst die Meine sein.« –
Darauf ist ihm so gewesen:
Knopp, du musst noch etwas lesen. –

Gern erfüllt er sein Verlangen;
Still ist er hinausgegangen

Und bei seiner Kerze Strahl
Hingewandelt durch den Saal. –

Oftmals kann man müde sein,
Setzt sich hin und schlummert ein. –
Erst des Morgens so um achte,
Als die Sonne freundlich lachte,
Dachte Knopp an sein Erwachen.
Er erwacht durch frohes Lachen. –
Dieses tut die Mädchenschar,
Welche schon beschäftigt war,
Um an dieses Festes Morgen

Für des Saales Schmuck zu sorgen. –

»Ewig kannst du hier nicht sein« –
Denket Knopp voll Seelenpein.

Und so strömt er wohlverdeckt
Da hervor, wo er gesteckt.

Groß ist seines Laufes Schnelle;
Aber ach, die Kammerschwelle
Ist ihm äußerst hinderlich.

Hopsa! – Er entblättert sich. –

Heimlich flieht er diesen Ort
Und begibt sich weiter fort.

Ich sah dich gern im Sonnenschein

Ich sah dich gern im Sonnenschein,
Wenn laut die Vöglein sangen,
Wenn durch die Wangen und Lippen dein
Rosig die Strahlen drangen.

Ich sah dich auch gern im Mondenlicht
Beim Dufte der Jasminen,
Wenn mir dein freundlich Angesicht
So silberbleich erschienen.

Doch, Mädchen, gern hätt ich dich auch,
Wenn ich dich gar nicht sähe,
Und fühlte nur deines Mundes Hauch
In himmlisch warmer Nähe.

Abschied

Die Bäume hören auf zu blühn,
Mein Schatz will in die Fremde ziehn;
Mein Schatz der sprach ein bittres Wort:
Du bleibst nun hier, aber ich muss fort.

Leb wohl, mein Schatz, ich bleib dir treu,
Wo du auch bist, wo ich auch sei.
Bei Regen und bei Sonnenschein,
Solang ich lebe, gedenk ich dein.

Solang ich lebe, lieb ich dich,
Und wenn ich sterbe, bet für mich,
Und wenn du kommst zu meinem Grab,
So denk, dass ich dich geliebet hab.

Noch immer seh ich gern den Wechsel der Jahreszeiten,
besonders den werdenden Frühling,
doch auch den fertigen Sommer,
den sanft melancholischen Herbst
und den frischen Winter im weißen Gewande.

Glück im Unglück

Verzeichnis der Texte und Druckvorlagen

Die Texte der vorliegenden Ausgabe folgen – unter behutsamer Angleichung an die neue Rechtschreibung – den hier verzeichneten Editionen; in den Textnachweisen werden sie jeweils mit den angegebenen Titelsiglen abgekürzt zitiert. Die mit * versehenen Überschriften wurden vom Verlag formuliert.

B Wilhelm Busch: Sämtliche Briefe. Komm. Ausg. in zwei Bänden. Bd. 1: Briefe 1841–1892. Bd. 2: Briefe 1893–1908. Hrsg. von der Wilhelm-Busch-Gesellschaft e. V. Komm. von Friedrich Bohne unter Mitarb. von Paul Meskemper und Ingrid Haberland. Hannover: Wilhelm-Busch-Gesellschaft, 1968/69. – Nachdr. Hannover: Schlüter, 1982.

GA Wilhelm Busch: Werke. Hist.-krit. Gesamtausg. Bearb. und hrsg. von Friedrich Bohne. 4 Bde. Hamburg: Standard, 1959. – Wiesbaden/Berlin: Vollmer, 1960.

SW Wilhelm Busch: Sämtliche Werke. Hrsg. von Otto Nöldeke. München: Braun & Schneider, 1909.

Siglen der Werktitel

AJ Abenteuer eines Junggesellen (Knopp) (1875)
BB Balduin Bählamm der verhinderte Dichter (1883)
ET Eduards Traum (1891)
FH Die fromme Helene (1872)
H Hernach (1908)
KH Kritik des Herzens (1874)
N Nachlese (GA 4,435–549: Tagebuchblätter, Beiträge zu Kneipzeitungen in Auswahl, Aus dem Karikaturenbuch von Jung-München, Das Liebhabertheater, einzelne Gedichte und Prosa, Gelegenheitsdichtungen, Reime und Sinnsprüche, »Spricker«)

SB Schnurrdiburr oder Die Bienen (1869)
SS Schein und Sein (1909)
V Von mir über mich (dritte Fassung 1894)
W Was mich betrifft (1886)
ZL Zu guter Letzt (1904)

Frühlingsgefühle mit Busch

7 f. V; GA 4,211 | 9 B 1,142

Die Tierwelt erwacht zum Leben

11 H; GA 4,343 | 13 N; GA 4,515 | 14 ZL; GA 4,326 | 15 ZL; GA 4,292 | 17 ZL; GA 4,323 | 19 ZL; GA 4,272 | 21* KH; GA 2,495 | 22 KH; GA 2,504

O du wunderbarer Mai

23 SS; GA 4,422 | 25 ZL; GA 4,269 | 26 B 2,62 | 27 SS; GA 4,422 | 29* SB; GA 2,6–11 | 35* B 1,109 f. | 36* B 1,46

Wenn die Blumenwiesen blühen

39 BB; GA 4,42 | 41* KH; GA 2,522 | 42 B 2,10–13 | 48 KH; GA 2,496 | 49 ZL; GA 4,329 f. | 52 KH; GA 2,508 | 54 SS; SW 6,395 f.

So bunt und lebendig wie die Natur

55 SS; SW 6,351 | 57 B 2,251 | 58 SS; SW 6,379 f. | 59 KH; GA 2,504 | 60* ET; GA 4,174 f. | 62 KH; GA 2,505 | 63 ZL; GA 4,300f. | 65 ZL; GA 4,331 | 66* W; GA 4, 152–157

Wenn der Frühling das Herz berührt

67 B 2,309 | 69 ZL; GA 4,315 f. | 71* FH; GA 2,223 | 72 AJ; GA 2,68–73 | 79 KH; GA 2,514 | 80 SS; SW 6,353 | 81 B2,226